Giorgio Luigi Dacosta

Le salut de Dieu en Jésus-Christ

Giorgio Luigi Dacosta

Le salut de Dieu en Jésus-Christ

La justification par la foi

Éditions Croix du Salut

Impressum / Mentions légales
Bibliografische Information der Deutschen Nationalbibliothek: Die Deutsche Nationalbibliothek verzeichnet diese Publikation in der Deutschen Nationalbibliografie; detaillierte bibliografische Daten sind im Internet über http://dnb.d-nb.de abrufbar.
Alle in diesem Buch genannten Marken und Produktnamen unterliegen warenzeichen-, marken- oder patentrechtlichem Schutz bzw. sind Warenzeichen oder eingetragene Warenzeichen der jeweiligen Inhaber. Die Wiedergabe von Marken, Produktnamen, Gebrauchsnamen, Handelsnamen, Warenbezeichnungen u.s.w. in diesem Werk berechtigt auch ohne besondere Kennzeichnung nicht zu der Annahme, dass solche Namen im Sinne der Warenzeichen- und Markenschutzgesetzgebung als frei zu betrachten wären und daher von jedermann benutzt werden dürften.

Information bibliographique publiée par la Deutsche Nationalbibliothek: La Deutsche Nationalbibliothek inscrit cette publication à la Deutsche Nationalbibliografie; des données bibliographiques détaillées sont disponibles sur internet à l'adresse http://dnb.d-nb.de.
Toutes marques et noms de produits mentionnés dans ce livre demeurent sous la protection des marques, des marques déposées et des brevets, et sont des marques ou des marques déposées de leurs détenteurs respectifs. L'utilisation des marques, noms de produits, noms communs, noms commerciaux, descriptions de produits, etc, même sans qu'ils soient mentionnés de façon particulière dans ce livre ne signifie en aucune façon que ces noms peuvent être utilisés sans restriction à l'égard de la législation pour la protection des marques et des marques déposées et pourraient donc être utilisés par quiconque.

Coverbild / Photo de couverture: www.ingimage.com

Verlag / Editeur:
Éditions Croix du Salut
ist ein Imprint der / est une marque déposée de
AV Akademikerverlag GmbH & Co. KG
Heinrich-Böcking-Str. 6-8, 66121 Saarbrücken, Deutschland / Allemagne
Email: info@editions-croix.com

Herstellung: siehe letzte Seite /
Impression: voir la dernière page
ISBN: 978-3-8416-9829-2

Copyright / Droit d'auteur © 2012 AV Akademikerverlag GmbH & Co. KG
Alle Rechte vorbehalten. / Tous droits réservés. Saarbrücken 2012

Giorgio L. Dacosta

Le salut de Dieu en Jésus-Christ Et La justification par la foi

La Bible à la portée de tous : Et la Bible devient facile à lire …

© Giorgio L. Dacosta

Adresse e-mail : <u>freegospelforall@ymail.com</u>

Toute reproduction même partielle n'est pas autorisée sans l'accord de l'auteur.

Jésus-Christ est un personnage unique dans toute l'histoire de l'humanité à la fois par sa nature et par son œuvre. Or, pour comprendre le salut que Dieu offre en Jésus-Christ, il est important de comprendre d'abord la nature de Christ.

JESUS-CHRIST, SA PERSONNE, SA NATURE

1. La personne et la double nature de Christ

Le principal texte qui éclaire sur la personne et la nature du Christ se situe dans l'épître aux Philippiens :

Philippiens 2.5-11 :
Que cette pensée qui était en Christ Jésus soit en vous : Lui qui était antérieurement sous la forme de Dieu n'a pas considéré son égalité avec Dieu comme une proie à saisir, mais il s'est dépouillé de sa divine condition pour prendre la forme de serviteur, en devenant semblable aux hommes. Ayant apparu en tant qu'homme par son aspect, il s'est humilié en se rendant obéissant jusqu'à la mort, et jusqu'à la mort de la croix.
C'est pourquoi Dieu l'a souverainement élevé et lui a conféré le nom qui est au-dessus de tout nom, afin qu'au nom de Jésus tout genou fléchisse dans les cieux, sur la terre et sous la terre et que toute langue confesse que Jésus-Christ est Seigneur pour la gloire de Dieu le Père.

Ce passage enseigne clairement qu'avant de venir sur terre, la deuxième personne de la Trinité qui a pris le nom de Jésus pour devenir le Christ était égale à Dieu.
Mathématiquement, cette simple équation s'écrirait : Christ = Dieu fait homme.

Il en avait tous les attributs et tous les privilèges mais, par amour pour tous les hommes et pour les sauver, il a préféré se « vider », nous dit le texte grec,[1] de toutes ses prérogatives divines pour revêtir notre humanité, pour vivre comme nous. Ayant renoncé aux privilèges de sa divinité, Christ a dû, en tant qu'homme, se rendre obéissant à Dieu.
Parce qu'il s'est totalement dépouillé de ses privilèges dus à sa divinité et qu'il a décidé, en tant qu'homme, de se soumettre au Père, Jésus ignorait le jour et l'heure de son retour – Mt 24.36.

---
[1] On parle de '*kénose*' d'après le terme grec '*kénosis*'.

Parce qu'il s'est volontairement soumis au Père, son royaume ne lui appartient pas mais il le remettra au Père quand tout sera définitivement accompli – 1 Co 15.24.

Ainsi, Dieu n'a pas voulu juger les hommes du haut du ciel et déclarer coupables tous ceux qui ne suivent pas sa Loi, tous ceux qui pèchent, mais il a voulu se mettre à leur place.

En tant qu'homme, il a été tenté comme nous en toutes choses sans commettre le péché – Hé 4.15 – mais il a accompli parfaitement la volonté de Dieu jusqu'à la mort et même jusqu'à la terrible et ignominieuse mort sur la croix.

Comme Christ a parfaitement accompli, <u>en tant qu'homme</u>, la volonté de Dieu, il peut maintenant comprendre le pécheur, compatir à ses faiblesses et racheter celui qui est ***en Christ***.

C'est pourquoi Dieu l'a souverainement élevé au-dessus de tout nom afin qu'au nom de Jésus tout genou fléchisse dans les cieux, sur la terre et sous la terre et que tous reconnaissent en lui le Seigneur pour la gloire de Dieu le Père – cf. Eph 1.20-23.

Il est très important de comprendre **qui** Dieu a souverainement élevé de la sorte.

Il ne faut pas oublier, en effet, qu'avant de venir sur terre la deuxième personne de la Trinité <u>était déjà</u>, en tant que Dieu, <u>Seigneur de toute la création</u>. Elle n'avait donc nulle obligation de passer par la croix pour obtenir ce qu'elle possédait depuis l'éternité.

Celui donc qui est maintenant souverainement élevé et qui a reçu un nom au-dessus de tous noms est à la fois Dieu et homme.

Outre Philippiens 2.5-11, plusieurs autres textes de l'Ecriture expriment sa divinité.

2. Divinité de Jésus-Christ

La divinité de Jésus-Christ apparaît, en effet, dans de nombreux passages du Nouveau Testament.
Tout d'abord, Dieu lui-même appelle Dieu son Fils, comme le montre l'épître aux Hébreux :

Hébreux 1.8-9 :
Mais il dit en parlant de son Fils : « Ton trône, ô Dieu, est éternel. C'est pourquoi, ô Dieu, ton Dieu t'a oint d'une huile de joie auprès de tous ceux qui ont part avec toi.[2]

Alors que l'Evangile de Luc révèle Jésus-Christ comme étant le Fils de Dieu et le Sauveur de toutes les nations, l'Evangile de Jean le révèle comme étant Dieu, le Fils unique :

Jean 1.18 :
Personne n'a jamais vu Dieu ; Dieu le Fils unique, qui est dans le sein du Père, est celui qui l'a fait connaître.

L'Evangile de Jean expose la divinité de Jésus-Christ dès le premier verset qui témoigne clairement que Dieu est en plusieurs personnes :

Jean 1.1 :
Au commencement était la Parole, et la Parole était avec Dieu, et la Parole était Dieu.

Jésus n'annonce pas seulement la Parole de Dieu, il est lui-même Parole de Dieu, et il est lui-même Dieu.

Il est la Parole créatrice de Dieu et il est celui qui a créé tout ce qui existe sur terre et dans les cieux comme le déclare l'épître aux Colossiens :

---

[2] C'est-à-dire de tous ceux qui ont part avec Christ à l'Esprit Saint et à son héritage – cf. Hé 3.14 ; 6.4. Tous les croyants sont participants de Christ.

Colossiens 1.15-16 :

Il est l'image du Dieu invisible, celui qui a le droit d'aînesse sur toute la création parce que par lui ont été créées toutes les choses qui sont dans les cieux et sur la terre, les visibles et les invisibles, aussi bien les trônes, les seigneuries, les dominations et les autorités.[3] Tout a été créé par lui et pour lui.

Ce texte est souvent mal interprété. Il ne dit pas, en effet, que Jésus ait été créé en premier, mais qu'il est le créateur et qu'il est celui qui a la primauté sur tout ce qui existe. Si c'est Jésus qui est l'auteur de toute la création il est évident qu'il en est par ce fait même exclu. En effet, celui qui crée une maison, par exemple, ne peut en aucun cas faire partie de cette maison. Le Christ n'est donc pas un être créé, comme l'affirmaient et l'affirment toujours les gnostiques qui s'appuient sur ce texte.

La divinité de Jésus-Christ se révèle aussi à la fin de l'évangile de Jean par la bouche de Thomas :

Jean 20.28 :

Thomas lui répondit : « Mon Seigneur et mon Dieu ! »

L'apôtre Jean qualifie Christ de Dieu également dans sa première épître :

1 Jean 5.20 :

Nous savons que le Fils de Dieu est venu et qu'il nous a donné l'intelligence pour comprendre le Vrai et nous sommes dans le Vrai, dans son Fils Jésus-Christ. C'est Lui le Vrai Dieu et la vie éternelle.

L'apôtre Paul, aussi, l'appelle Dieu dans l'épître aux Romains et dans celle qu'il adresse à Tite :

Romains 9.5 :

C'est d'eux (les patriarches) que le Christ est issu selon la chair, lui qui en toutes circonstances le Dieu béni éternellement. Amen.

---

[3] L'auteur cite les puissances célestes en les classant par ordre décroissant, d'après les croyances de l'époque.

Tite 2.13 :
En attendant la bienheureuse espérance, et la manifestation de la gloire de notre grand Dieu et Sauveur Jésus Christ.

Le Christ est donc ce Dieu venu sur terre partager avec nous notre humanité. C'est lui qui prit le nom d'Emmanuel, ce qui signifie *Dieu avec nous* – Mt 1.23 ; Es 7.14.

3. Jésus, Dieu fait homme – Le nouvel Adam

La double nature de Christ s'explique par la façon dont il est né : Conçu par l'Esprit Saint dans le corps d'une femme, Christ a été engendré de Dieu, comme le déclare Luc 1.35.
Jésus-Christ est donc Fils de Dieu par son Père et Fils de l'homme par sa mère :

Luc 1.35 :
L'Esprit Saint viendra sur toi et la puissance du Très Haut te couvrira de son Ombre. C'est pourquoi le saint enfant qui doit naître sera appelé Fils de Dieu.

L'épître aux Hébreux l'exprime autrement – **Hé 1.5 :**
Tu es mon Fils, je t'ai engendré aujourd'hui.

La deuxième personne de la Trinité qui vivait dans l'éternité, et donc hors du temps[4] et de l'espace, est venue s'incarner sur terre : Christ a été engendré dans l'espace et dans le temps, celui de l'aujourd'hui de Dieu qui est le temps du salut, selon qu'il est écrit en Hé 3.7-8 :
Aujourd'hui, si vous entendez sa voix, n'endurcissez pas votre cœur.

Parce qu'il est engendré par Dieu, Jésus-Christ ne peut, par sa nature divine, être soumis au péché.
Créé à l'image de Dieu, et accomplissant, en tant qu'homme, la volonté de Dieu, Christ devient ainsi le nouvel Adam, l'auteur d'une nouvelle humanité libérée du péché.

---

[4] Le temps n'existe que pour la création qui se définit dans le temps et dans l'espace. Or, Dieu n'est soumis ni au temps ni à l'espace, d'où son omniprésence et son omniscience. L'éternité n'est pas un temps infini mais une absence de temps.

Christ rétablit ainsi, par sa double nature, la communion entre Dieu et l'homme qui est en Lui : En Christ, l'homme pécheur est réconcilié avec Dieu.

4. Christ élevé

Ainsi, celui que Dieu a élevé au-dessus de tout ce qui existe dans les cieux et sur la terre **c'est Christ**, lui qui possède à la fois la nature divine et la nature humaine.
C'est donc aussi un homme ressuscité que Dieu a déclaré Seigneur de toute la création.
Comprendre ce point si important, c'est comprendre, en fait, tout le salut *en Christ*.

Il existe dans l'enseignement apostolique, et particulièrement chez Paul, une notion fondamentale qui apparaît sous la forme d'une expression souvent mal comprise et cette expression est : « *en Christ* ».

C'est cette notion fondamentale qui sera développée tout au long de cette étude mais auparavant il faut se demander pourquoi la réconciliation est si nécessaire et pourquoi, après tout, Dieu qui connaît nos faiblesses, ne nous accepte pas tels que nous sommes.

Cette question nous conduit à la notion du péché.

LE PECHE, LA CHUTE DE L'HOMME
ET LA PUISSANCE DU PECHE

La définition du péché n'est pas si simple ; elle mérite une approche par étape.

1. Le péché et la Loi

Le péché est d'abord défini comme la transgression de la Loi :

1 Jean 3.4 :
Quiconque pratique le péché viole la Loi et le péché c'est la violation de la Loi.

La Loi, ou plutôt la Torah qui inclut l'œuvre de Dieu pour son peuple ainsi que l'Alliance, est la révélation de la volonté de Dieu pour l'homme. Elle établit la marche à suivre, et suivre la Torah d'une façon intègre c'est "marcher" dans les voies du Seigneur, c'est être « juste ». Elle est éternelle et ne disparaîtra jamais comme l'exprime Jésus lui-même :
Il ne disparaîtra pas de la Loi un seul iota ou un seul trait de lettre - **Mt 5.18**.

Pour les Juifs, elle constitue le plus beau don que Dieu ait jamais fait à l'homme, car en elle s'exprime toute la sagesse de Dieu. Jésus-Christ n'a pas simplement accompli la volonté de Dieu en tant qu'homme, mais il est lui-même la Parole créatrice de Dieu qui s'est faite chair. Christ devient alors pour nous Torah et sagesse de Dieu ; le suivre c'est suivre la Loi de Dieu. C'est pourquoi il est écrit de Lui : « *Il a été fait pour nous sagesse...* » – **1 Co 1.30**.

La révélation par Moïse de cette Loi était nécessaire, car nul ne peut être condamné si aucune loi n'existe :

Romains 4.15 :
Là où il n'y a pas de loi, il n'y a pas non plus de transgression.

Romains 5.13b :
Or, le péché n'est pas imputé quand il n'y a pas de loi.

Il fallait donc que la Loi soit promulguée pour que l'homme comprenne ce qu'est le péché mais cela ne veut pas dire pour autant qu'avant Moïse la transgression n'existait pas.

Le péché, nous dit la Bible, est entré par Adam dans le monde :

Romains 5.12 :
C'est pourquoi, comme par un seul homme le péché est entré dans le monde et par le péché la mort, et qu'ainsi la mort s'est étendue sur tous les hommes parce que tous ont péché ...

Du point de vue doctrine, on appelle « chute de l'homme » la transgression d'Adam qui l'a séparé de la présence de Dieu. Cette notion mérite d'être développée.

2. La chute de l'homme

Le péché est surtout défini comme une puissance qui asservit l'être humain et le conduit à la mort, à la séparation éternelle d'avec Dieu. Le péché se manifeste sous plusieurs formes comme le mensonge, le vol ou le meurtre, etc., comme le définit la Loi, mais il ne se limite pas seulement à ces cas.
La notion théologique de la "chute de l'homme" n'apparaît pas telle quelle dans la Bible, mais elle exprime la perte de l'innocence dans laquelle Dieu avait créé l'homme et la femme, selon le livre de la Genèse.
Le verset principal qui parle de la création de l'homme se trouve en Genèse 1.27 :
Dieu créa l'homme à son image, il le créa à l'image de Dieu, il créa l'homme et la femme.
Dieu n'est pas un être matériel mais Dieu est esprit ; ce n'est donc pas corporellement que l'homme a été créé à la ressemblance de Dieu mais c'est par l'esprit qui est sa deuxième composante.

Cette création à l'image de Dieu est si importante que toute l'œuvre de Jésus-Christ a consisté à faire retrouver à l'homme l'image de Dieu perdue : C'est en revêtant Christ que l'homme regagne par Christ son image perdue, car Christ est l'homme à l'image de Dieu.
Vu sous un autre angle, devenir disciple c'est laisser l'Esprit de Dieu nous façonner à l'image de Christ qui est lui-même à l'image de Dieu.

Etre à l'image de Dieu implique un grand nombre de conséquences dont les trois principales sont les suivantes :
- être à l'image de Dieu c'est vivre hors du péché ;
- être à l'image de Dieu c'est avoir un libre accès auprès de Lui ;
- être à l'image de Dieu c'est aussi régner avec Lui.
Avant la chute, l'homme et la femme vivaient, toujours selon la Genèse, dans la plus totale innocence et ils n'avaient même pas conscience qu'ils étaient nus ; ils avaient une relation très étroite avec Dieu et ils lui parlaient librement.

L'histoire de la chute nous est rapportée dans le troisième chapitre de la Genèse.
Dieu n'avait donné à l'homme et à la femme qu'un seul et unique commandement, celui de ne pas goûter au fruit de l'arbre de la connaissance du bien et du mal situé au milieu du jardin avec un avertissement solennel :
Genèse 2.17 :
Tu ne mangeras pas de l'arbre de la connaissance du bien et du mal, car le jour où tu en mangeras tu mourras.

Il est évident qu'Adam n'est pas mort le jour même où il a mangé le fruit (et non la pomme ; la confusion vient du fait qu'en latin le fruit se dit *pomum*) mais, à cause du péché, la mort est entrée dans le monde.
La mort, c'est aussi bien la mort du corps que celle de l'esprit séparé de Dieu. Lorsque le péché fut introduit dans le monde, l'être humain devint mortel et son esprit, séparé de Dieu, connut la mort spirituelle ; car la vraie mort est la séparation de l'homme avec Dieu.

En accomplissant la justice de Dieu, le nouvel Adam (Jésus-Christ) a pu, par sa mort, justifier le pécheur :

Romains 5.18 :
Comme c'est, donc, par une seule offense que tous les hommes sont conduits à la condamnation, c'est aussi par un acte de justice que la justification qui conduit à la vie s'étend à tous les hommes.

Réconcilié **en Christ** avec Dieu, l'homme retrouve la vie spirituelle et communique de nouveau avec son Créateur ; tandis qu'à la résurrection des morts, son corps reprendra vie dans un corps glorieux, à la ressemblance de celui du Christ ressuscité.

La chute entraîna un drame pour toute l'humanité : Après avoir créé l'homme à son image, Dieu l'avait établi à la tête de toute la création sur terre – Gn 1.26.

En soumettant le chef, l'homme, Satan s'est emparé du monde et l'a soumis : le monde fut asservi à la puissance du péché. L'œuvre de Christ, le nouvel Adam, a été de rétablir l'homme dans sa dignité perdue et de lui rendre non seulement l'image de Dieu mais également son règne.

Parce que Christ – en tant qu'homme – a obéi à Dieu, Dieu l'a élevé au-dessus de tout nom et il règne désormais, en tant que Dieu aussi bien qu'en tant qu'homme :

Philippiens 2.9-11 :
C'est pourquoi Dieu l'a souverainement élevé et lui a conféré le nom qui est au-dessus de tout nom, afin qu'au nom de Jésus tout genou fléchisse dans les cieux, sur la terre et sous la terre et que toute langue confesse que Jésus-Christ est Seigneur pour la gloire de Dieu le Père.

Ainsi, avec Jésus, c'est le Royaume de Dieu qui s'approche des hommes : **En Christ**, le nouvel Adam, l'être humain n'est plus soumis à la puissance du péché, mais il se place sous le règne du Seigneur. Le Royaume de Dieu est en Christ, dès à présent et pour l'éternité.

LA JUSTICE DE DIEU ET LE SALUT "EN CHRIST"

Avant de comprendre le salut qu'offre Dieu *en Christ*, il est indispensable de bien saisir le problème auquel Dieu était confronté, celui de la justification du pécheur.

1. Le problème de la justification du pécheur

Martin Luther avait compris que, par la justification *en Christ*, le croyant ne se trouvait plus en état de condamnation mais dans une nouvelle relation, une juste relation, avec Dieu.

La conception de Luther nécessite cependant une explication.
La notion de justice de Dieu est avant tout d'ordre juridique : Parce que Dieu est saint, celui qui pèche doit payer <u>de sa vie</u> sa culpabilité et être à jamais séparé de Lui.
Une fois déclaré juridiquement juste, l'homme retrouve *en Christ*, une relation intime avec Dieu.

Ce concept juridique ressort particulièrement dans le Nouveau Testament :
- Le jugement des impies est prévu pour la fin des temps : **Rom 2.5 ; Hé 6.2 ; 9.27 ; 2 Pi 2.4, 9 ; 1 Jn 4.17**.
- Jésus sera le juge au jour du jugement : **2 Ti 4.8 ; Ja 5.9**.
- Il existe une condamnation, car le salaire du péché c'est la mort : **Rom 6.23**.
- Il existe aussi un accusateur, le diable : **Apo 12.10**.
- Christ, cependant, est l'avocat de ceux qui ont foi en Lui : **1 Jn 2.1**.

Le problème que Dieu avait à résoudre pour déclarer *juste* le pécheur est d'une grande complexité et comporte un double aspect :
- La première question qui se posait à lui était de déclarer légalement « juste » le pécheur tout en satisfaisant sa justice face à l'accusation de Satan.

- La deuxième question n'est pas explicitement énoncée dans la Bible mais demeure une question de justice : Il aurait été injuste de la part de Dieu de condamner celui qui est malgré lui esclave du péché et qui ne peut pas faire autrement que de pécher. Dieu devait donc séparer ceux qui haïssent le péché et qui veulent en être libérés des vrais coupables, ceux qui se complaisent dans le péché.

C'est *en Christ* que Dieu a décidé de résoudre cet épineux problème ; il est donc impératif de bien saisir cette notion du salut *en Christ*.

Que signifie : *Etre en Christ*. Cette notion est approfondie maintenant.

2. Etre en Christ

En grec, la préposition « *en* », qui marque initialement le lieu où l'on est, possède également une multitude de significations ; son champ sémantique est très vaste.

Dans l'expression *en Christ – en Christô$_i$* – la préposition *en* prend la même valeur que la préposition *en* en français.
Elle signifie à la fois *dans* et *par*.
Quand je rentre *en voiture* à la maison, c'est à la fois le lieu dans lequel je me trouve et à la fois le moyen par lequel je rentre chez moi.

L'expression *en Christ* veut dire à la fois *dans Christ* et *par Christ*.
Cette notion est fondamentale : C'est par Christ que je suis sauvé mais c'est aussi parce que je suis en Lui que je suis sauvé.
Etre *en Christ* est avant tout une expérience spirituelle qui commence le jour où l'homme réalise son état de pécheur, qu'il se repent de ses péchés et qu'il accepte par la foi le salut *en Christ*.

Cette expérience spirituelle est parfaitement décrite dans l'épître aux Romains, dans celle aux Galates et celle aux Colossiens :

Romains 6.3-4 :
*Ignorez-vous que nous tous qui avons été **baptisés en Jésus-Christ**, c'est en sa mort que nous avons été baptisés ? Nous **avons** donc **été ensevelis avec Lui** par le baptême en sa mort, afin que, comme Christ est ressuscité des morts par la gloire du Père, de même **nous aussi nous marchions en nouveauté de vie**.*

Galates 3.27 :
*Vous tous qui avez été baptisés en Jésus-Christ, **vous avez revêtu Christ**.*

Colossiens 2.11-12 :
En lui vous avez été circoncis d'une circoncision qui n'a pas été faite de mains d'homme, mais de la circoncision de Christ, celle du dépouillement du corps de chair, ayant été ensevelis avec lui par le baptême. En lui vous avez été aussi ressuscités avec lui par la foi que vous avez en la force de Dieu qui l'a ressuscité des morts.

Il est important de noter, dans ces versets, la préposition *eis* que Paul utilise lorsqu'il écrit : "*vous avez été baptisés <u>dans</u> le Christ.*"
Cette préposition indique un mouvement de l'extérieur vers l'intérieur comme la préposition *into* en anglais.
Avant, j'étais à **l'extérieur de Christ** mais maintenant je suis **à l'intérieur de Christ** : Je suis **en Christ**. C'est là ma nouvelle position.

Il ne peut en aucun cas être question ici, dans ces trois passages, du baptême d'eau et ce pour plusieurs raisons :
- La « *chair* » n'est pas le corps physique mais une entité spirituelle. C'est avant tout un terme théologique utilisé par les chrétiens de l'époque. Celui qui vit *dans la chair* et *par la chair*

(prép. *en*) est l'opposé de celui qui vit *en Christ* par l'Esprit Saint ; soumis au péché, il est esclave du péché qui le conduit à la mort spirituelle.[5]

- La nouvelle naissance qui se traduit par le dépouillement de *la chair* et qui nous fait vivre *en Christ* est une expérience spirituelle et ne peut être physique comme l'était la circoncision.

- C'est en esprit et par le Saint-Esprit que la transformation a lieu : Dépouillé de *la chair*, le converti vient demeurer *en Christ*. Jésus déclare : « *Demeurez en moi comme moi je demeure en vous* – Jn 15.4. Si Jésus vient demeurer en nous par son Esprit, c'est en esprit que nous venons demeurer *en Lui*.

- Notre relation spirituelle avec le Père provient du fait que nous demeurons *en Christ*, car Christ demeure dans le Père comme le Père demeure *en Lui*. Jésus nous pose, en effet la question au travers de Pierre : « *Ne crois-tu pas que je suis dans le Père et que le Père est en moi ?* » – Jn 14.10.

- Le brigand repenti sur la croix, en Lc 23.40-43, est passé par la nouvelle naissance et a été reçu au paradis le jour même sans avoir été baptisé.

Le baptême d'eau ne procure donc pas la nouvelle naissance, car l'expression « être baptisé en Christ » ne se réfère nullement à ce baptême, mais **uniquement** à la conversion, comme le précise le contexte.

Le baptême est une image qui représente notre mort à notre ancienne nature, notre mort au péché, et notre vie nouvelle par l'Esprit.

Jésus dit que nous devons naître de nouveau. Pour renaître, il faut d'abord mourir et ressusciter pour une nouvelle vie. La naissance nous fait naître au monde soumis au péché et à la mort ; la nouvelle naissance nous fait naître à la vie *en Christ*.

Au moment où j'ai confessé mon péché et que j'ai accepté Christ dans ma vie comme Sauveur et Seigneur, **j'ai été baptisé** (et plus précisément **immergé**) **en Jésus-Christ par l'action du Saint-Esprit**. En fait, je suis mort avec Christ sur la croix puis je suis ressuscité *en Christ*.

---

[5] La chair est différente du corps. La chair n'est pas soumise à Dieu alors que le corps est "bon" car créé par Dieu. La chair est détruite à la croix mais le corps du croyant devient le temple de Dieu.

Le baptême symbolise donc ainsi une réalité spirituelle qui a eu lieu au moment de la conversion *mais ne la réalise en aucun cas* : Ce n'est pas en effet le baptême d'eau qui fait naître de nouveau mais uniquement la conversion.

Le baptême d'eau devient alors le témoignage d'une expérience spirituelle survenue antérieurement. Il exprime publiquement devant la communauté ecclésiale – et nouvelle famille – la mort et la nouvelle naissance spirituelle déjà vécue.

La conversion fait du croyant un membre de l'Eglise spirituelle de Christ alors que le baptême l'introduit dans la communauté ecclésiale terrestre.

Ces deux expériences sont encore malheureusement toujours confondues de nos jours dans les églises traditionnelles pour qui la nouvelle naissance commence dès le baptême.

Dans le contexte, la conversion est décrite comme la mort au péché et la résurrection pour une vie nouvelle. Il est évident que ce n'est pas l'eau du baptême ni même le fait de devenir membre de l'Eglise terrestre qui nous arrache au pouvoir du péché et nous apporte une vie nouvelle. La conversion est une expérience spirituelle et le baptême ***en Christ*** l'est aussi.

3. Le salut en Christ

Lorsqu'un pécheur entend la Parole de Dieu, le Saint-Esprit agit en lui, sans l'obliger en quoi que ce soit, pour qu'il reçoive et accepte Christ comme son sauveur et son Seigneur.

Une fois qu'il a pris, par la foi, la décision de s'engager pour Christ et qu'il se repent de ses péchés, le Saint-Esprit transporte [immerge, baptise] son esprit en Christ.

Auparavant, il était en dehors de Christ, il est maintenant ***en Christ*** et il revêt Christ.

Comme Christ vient demeurer en lui spirituellement, le croyant demeure également en Christ spirituellement. C'est ce qu'exprime l'Evangile de Jean :

Jean 15.5 :

Je suis le cep, vous êtes les sarments. Celui qui demeure en moi et en qui je demeure porte beaucoup de fruits.

Par sa soumission à Dieu, Christ n'a jamais transgressé la Loi et a, de ce fait, accompli la justice de Dieu.

En Christ, je suis désormais justifié devant Dieu. : Parce que je suis **en Christ**, je suis **revêtu** de Christ et donc de **sa justice** comme d'un vêtement.

C'est la raison pour laquelle il est écrit que Christ a été fait pour nous sagesse, justice, sanctification et rédemption :

1 Corinthiens 1.30 :
Or, c'est par lui que vous êtes en Jésus-Christ, lequel, de par Dieu, a été fait pour nous sagesse, justice, et sanctification et rédemption.

Ce n'est plus moi que Dieu voit, mais il voit Christ et la justice qu'il a accomplie.

Pour satisfaire totalement la justice de Dieu, Christ devait mourir à cause du péché, car le salaire du péché c'est la mort ; non pas ses péchés, mais les nôtres.

C'est ainsi que s'éclaire le passage en Romains 3.25. Le mot grec *hilastèrion* signifie à la fois *victime propitiatoire* et *propitiatoire*. Le propitiatoire était le couvercle de l'arche de l'Alliance qui renfermait les tables de la Loi.

Chaque année, le Jour du Grand Pardon, ou Yom Kippour, le grand prêtre entrait dans le Lieu Très Saint pour verser sur le propitiatoire le sang d'un agneau sans défaut. Dieu ne regardait alors plus la Loi qui conservait toute sa force mais regardait le propitiatoire couvert du sang. Les tables de la Loi étaient recouvertes et Dieu pardonnait les péchés de son peuple parce qu'il ne le voyait plus au travers de la Loi mais au travers du sang de l'agneau innocent.

Autrement dit, le propitiatoire était l'élément indispensable pour rendre Dieu propice parce qu'il recouvrait les exigences de la Torah ainsi que ses décrets qui condamnaient tous ceux qui l'avaient transgressée – et donc tout le peuple sans exception – et parce qu'il présentait à Dieu le sang d'un agneau innocent mort à la place du pécheur.

Ainsi, ce verset nous fait comprendre une partie de l'action rédemptrice du Christ lorsque Dieu se fit homme et vint sur la terre. Christ a été fait pour nous cette victime propitiatoire venue recouvrir par son sang les exigences de la Loi.

Parce que le croyant est en Christ, Dieu ne voit plus le pécheur et les exigences de la Loi qu'il aurait dû accomplir mais il voit Christ, victime propitiatoire qui couvre nos transgressions.

C'est parce que Dieu voit Christ, uniquement, que le pécheur repenti est justifié devant lui.

C'est la raison pour laquelle Christ est devenu le seul et unique médiateur entre Dieu et les hommes : **Ga 3.19-20, Eph 2.13-14, 1 Ti 2.5, Hé 8.6, 9.15, 12.24.**

Jésus l'exprime d'une autre façon dans l'évangile de Jean :

Jean 14.6 :
Jésus lui dit : « Je suis le chemin, la vérité et la vie : nul ne vient au Père que par moi. »

En résumé, l'œuvre de Christ est totale en ce qu'il s'est fait pour nous Torah mais également victime propitiatoire qui présente à Dieu son propre sang.

Comment le salut s'opère-t-il en Christ ? Que se passe-t-il à la conversion ? C'est ce qui va maintenant être abordé.

En fait, Tout est rendu possible par la nouvelle naissance.

LA NOUVELLE NAISSANCE

Pour celui qui est *en Christ*, tout ce qui est arrivé à Christ lui est également arrivé : Il est mort sur la croix avec Christ et avec Christ il est ressuscité.

Jésus a subi le baptême de la mort à la croix : « *Il est un baptême dont je dois être baptisé et combien il me tarde qu'il soit accompli !* » – Lc 12.50 – cf. Mc 10.38.
Baptisé en Jésus, qui est mort sur la croix, je crucifie ma chair, je meurs à ma vie ancienne et au péché, et je ressuscite pour une vie nouvelle. Baptisé en Christ, je revêts Christ et Christ vit en moi, comme le déclare Paul :

Galates 2.20 :
J'ai été crucifié avec Christ, ce n'est plus moi qui vis, c'est Christ qui vit en moi.

1. La mort devient libération

La mort du pécheur avec Christ a deux conséquences : Elle libère le croyant de la condamnation éternelle et de l'esclavage du péché.

<u>**a.** Libéré de la condamnation éternelle</u>

Parce que Christ est mort sur la croix, celui qui est en Christ est aussi mort sur la croix.
Ce fait a une importance capitale pour le salut : Parce qu'il est mort en Christ, les charges qui pesaient contre lui pour avoir enfreint les commandements n'ont plus de raison d'être puisqu'il est mort ; aucun tribunal, en effet, ne pouvant condamner un mort à mourir.
C'est la raison pour laquelle il est écrit qu'en mourant sur la croix, Christ n'a pas seulement crucifié la chair et le vieil homme, mais il a aussi cloué sur elle l'acte d'accusation qui nous condamnait pour avoir transgressé la Loi.

Ces versets apportent un éclaircissement sur la manière dont cette rédemption s'effectue par la croix. La croix a fait disparaître les décrets de condamnation due au non-respect de la Loi ; les puissances ennemies sont vaincues et ridiculisées publiquement :

Colossiens 2.14-15 :
Il a fait disparaître le manuscrit qui nous accusait par ses décrets et qui se retournait contre nous ; il l'a ôté du milieu de nous en le clouant sur la croix. Ayant ainsi dépouillé par elle les dominations et les autorités, il les a publiquement livrées en spectacle en les traînant derrière lui dans sa marche triomphale.[6]

Ephésiens 2.15 :
Il a aboli la Loi en ce qui concerne les décrets de ses commandements pour créer en lui, avec les deux, un seul homme nouveau, faisant ainsi la paix.

Remarque : Christ n'a pas aboli la Loi qui est toujours d'actualité mais seulement les décrets de la Loi qui nous condamnaient pour l'avoir transgressée.

Ainsi, celui qui meurt en Christ est à l'abri de toute condamnation :

Romains 8.1
Il y a donc aucune condamnation pour ceux qui sont en Jésus-Christ.

---

[6] Lorsqu'un général romain revenait vainqueur d'une campagne militaire, l'empereur organisait à Rome une marche triomphale. Le général défilait alors avec ses troupes et ses prisonniers.

b. Libéré de l'esclavage du péché

Lorsque le croyant est baptisé en Christ, il naît de nouveau pour une nouvelle vie libérée du péché et de son esclavage.

La première naissance c'est la naissance naturelle, physique mais elle intervient dans "la chair" ; et parce que la "chair" est soumise au péché, tous sont pécheurs et sont privés de la gloire de Dieu comme le dit la Parole de Dieu :

Romains 3.23 :
Car tous ont péché et sont privés de la gloire de Dieu.

L'être humain se trouve ainsi en présence d'un problème insurmontable pour lui : Etant né dans la chair, il devient, par naissance, esclave du péché. Il lui est donc impossible de ne pas pécher mais il est pourtant condamné pour ses propres péchés.

Quelle est donc la possibilité de sortir de cette impasse ?
A ce problème humainement insurmontable Dieu a trouvé pour lui une solution et cette solution est la nouvelle naissance. Or, qui dit nouvelle naissance dit mort à l'ancienne nature. La mort à l'ancienne nature permet au croyant de mourir au péché et d'en être plus esclave.

La mort du croyant au péché a été rendue possible par la croix et par la mort corporelle du Christ comme l'indique les deux passages de l'Epître aux Romains :

Romains 7.4 :
Vous de même, mes frères, vous avez été mis à mort à l'égard de la Loi <u>par le corps de Christ</u> pour appartenir à un autre, le Ressuscité d'entre les morts, afin que nous portions des fruits pour Dieu.

Par cette crucifixion avec Christ, c'est l'ancienne nature soumise au péché, la chair, qui est crucifiée :

Romains 6.6 :
Sachant que notre vieil homme a été crucifié avec lui afin que soit détruit ce corps du péché et qu'ainsi nous ne soyons plus esclaves du péché.

Le croyant ne vit plus « dans et par la chair » puisque la chair soumise à la puissance du péché a été crucifiée mais « dans et par » l'Esprit de Dieu qui donne la vie.
C'est pourquoi Paul continue dans la même épître :

Romains 7.5 :
En effet, quand nous étions dans la chair, les passions des péchés dénoncés par la Loi agissaient dans nos membres …
Par la croix du Calvaire, le croyant n'est pas seulement mort à l'égard de l'obligation de mettre la Loi en pratique par ses propres forces[7] et à l'égard la condamnation qu'entraîne la désobéissance – Ga 2.19 ; 3.13 – mais il est aussi par sa mort avec Christ soustrait à la puissance du péché.

Cette mort du vieil homme est exprimée autrement en 2 Corinthiens :

2 Corinthiens 5.15, 17 :
Il est mort pour tous afin que ceux qui vivent ne vivent plus pour eux-mêmes mais pour celui qui est mort et ressuscité pour eux …
Si quelqu'un est en Christ, il est une nouvelle créature. Les choses anciennes sont passées, voici toutes choses sont devenues nouvelles.

La deuxième conséquence de la mort *en Christ* du croyant sur la croix, c'est qu'il est délivré de la puissance du péché. Le péché ne peut plus avoir de pouvoir sur lui puisqu'il est mort. Celui qui est en Christ est donc libéré de l'esclavage du péché et vit désormais en nouveauté de vie. C'est cette vie nouvelle qui permet à Dieu de faire des pécheurs ses enfants.

---
[7] Le croyant a toujours l'obligation de mettre la Loi en pratique mais il parviendra en laissant Christ agir en lui.

2. L'adoption en Christ

Parce que Jésus-Christ est **Fils de Dieu**, tous ceux qui sont *en Christ*, deviennent automatiquement *enfants de Dieu* :

Galates 3.26-27 :
Car vous êtes tous fils de Dieu par la foi en Jésus-Christ, car vous tous qui avez été baptisés en Christ, vous avez revêtu Christ.

C'est en quelque sorte une adoption, comme le dit l'Ecriture :

Ephésiens 1.5-6 :
Il nous a prédestinés, par Jésus-Christ, à être pour lui des fils d'adoption – selon la grâce bienveillante qui vient de sa volonté pour célébrer la gloire de sa grâce dont il nous a comblés en celui qui a été aimé.

Galates 4.4-6 :
Mais lorsque les temps ont été accomplis, Dieu a envoyé son Fils, né d'une femme, né sous la Loi, afin de racheter ceux qui étaient sous la Loi pour que nous recevions l'adoption. Et parce que vous êtes fils, Dieu a envoyé dans nos cœurs l'Esprit de son Fils, lequel crie : Abba ! Père !

Romains 8.15 :
… Mais vous avez reçu un Esprit d'adoption par lequel nous crions : Abba ! Père !

Jean 1.12-13 :
Mais à tous ceux qui l'ont reçu, à ceux qui croient en son nom, elle a donné le pouvoir de devenir enfants de Dieu, lesquels sont nés, non du sang, ni de la volonté de la chair, ni de la volonté de l'homme mais de Dieu.

3. La résurrection en Christ

De même que Christ est ressuscité, celui qui est en Christ est déjà ressuscité :

1 Jean 3.2 :
Bien-aimés, nous sommes maintenant enfants de Dieu, et ce à quoi nous serons semblables n'a pas été encore manifesté ; mais nous savons que, lorsque cela sera manifesté, nous serons semblables à lui, parce que nous le verrons tel qu'il est.

Ce qui sera manifesté, c'est la réalisation de l'espérance de tous les chrétiens. Pour le moment, la rédemption n'affecte que notre esprit, car c'est en esprit, et uniquement en esprit, que nous sommes en Christ. A la résurrection, lors du retour de Christ sur terre, la rédemption sera totale, car elle concernera nos corps également.

Comme Christ, nous revêtirons à notre tour le même corps de gloire que lui :

Philippiens 3.20-21
Notre cité est dans les cieux, d'où nous attendons avec impatience comme sauveur le Seigneur Jésus-Christ qui transformera le corps dans lequel nous sommes humiliés en un corps semblable au corps de sa gloire par la puissance qu'il a de pouvoir s'assujettir toutes choses.

Parce que celui qui est en Christ est déjà ressuscité, il est actuellement déjà assis avec lui dans les cieux au-dessus de toutes les puissances ennemies et il règne sur elles avec son Seigneur :

Ephésiens 1.20-23 :
C'est cette puissance qui a agi en Christ en le ressuscitant des morts et en le faisant asseoir à sa droite dans les lieux célestes bien au-dessus de toute domination, de toute autorité, de toute puissance, de toute seigneurie et de tout nom qui peut être nommé non seulement dans cet âge mais aussi dans celui à venir. Il a tout mis sous ses pieds et il l'a donné comme tête au-dessus de tout à l'Eglise qui est son corps, la plénitude de celui qui remplit tout en tous.

Colossiens 1.11c-14 :

Avec joie, rendez grâce au Père qui nous a rendus propres à avoir part à l'héritage des saints qui sont dans la lumière. Il nous a délivrés du pouvoir des ténèbres et nous a transportés dans le royaume du Fils de son amour, en qui nous avons la rédemption, c'est à dire la remise de la dette des péchés.

Parce que celui qui est en Christ est déjà assis avec Lui dans les cieux, il a un libre accès auprès du Père céleste :

Ephésiens 2.18 :

Souvenez-vous sans cesse que par lui nous avons tous les deux [Juifs et non Juifs] *par un seul Esprit, un libre accès auprès du Père.*

Hébreux 10.19-22 :

Ainsi donc, frères, puisque nous avons, au moyen du sang de Jésus, une libre entrée dans le sanctuaire par la route nouvelle et vivante qu'il a inaugurée pour nous au travers du voile, c'est-à-dire de sa chair ...approchons-nous donc ...
En Christ, le croyant se tient dans la présence de Dieu.

Pour résumer :

En Christ, Dieu pourvoit pleinement à tout ce dont le pécheur a besoin pour le sauver, pour le réhabiliter, et pour rétablir avec lui la communion perdue. **En Christ**, le nouvel Adam, Dieu fait du pécheur un homme nouveau :

Colossiens 2.10

C'est en lui, qui est la tête de toute domination et de toute autorité, que vous recevez la plénitude.

Cette plénitude de Christ se manifeste dans l'Eglise.

UN SEUL CORPS EN CHRIST

Il existe une relation fondamentale entre *être en Christ* et *être dans le Corps de Christ*. Puisque tous ceux qui acceptent Christ comme leur sauveur et seigneur de leur vie sont baptisés *en Christ* par le Saint-Esprit, ils constituent alors un seul et même corps, l'Eglise du Christ :

1 Corinthiens 12.13 :
Car c'est par[8] un seul Esprit que nous avons tous été baptisés dans un seul corps…

Il se trouve alors une équivalence totale entre *être en Christ* et *être dans le Corps de Christ*. De fait, dans le Nouveau Testament, ces deux termes sont employés souvent l'un pour l'autre. L'Eglise est avant tout une réalité spirituelle mais elle se concrétise physiquement au travers de l'ensemble de tous ceux qui sont *en Christ* spirituellement.

Il n'existe donc pas plusieurs églises mais une seule, car Christ n'a qu'**un seul corps, celui dans lequel j'ai été plongé, immergé par l'Esprit Saint lorsqu'à ma conversion j'ai été baptisé en Christ.**

Dans leurs épîtres, les écrivains du NT ne disaient pas l'Eglise de telle ou telle ville mais l'Eglise qui se trouve dans telle ou telle ville.
C'est ***en Christ*** que Dieu a voulu, de toute éternité (Eph 1.4-6), réconcilier le monde avec lui-même en réunissant ***en un seul corps*** tous ceux qui croient en lui, autant les Juifs que les païens.
Puisqu'en Christ nous formons un seul et même peuple, la croix ne réconcilie pas seulement les hommes avec Dieu mais également les hommes entre eux comme le montrent ces deux textes :

Galates 3.27-28 :

---

[8] Préposition « *en* ». A ma conversion, le Saint-Esprit saisit mon esprit et l'immerge en Christ pour que je devienne un membre de son corps. Baptisé en son corps spirituel, je fais désormais partie de l'Eglise pour qu'ensemble nous soyons un dans un seul esprit.

Vous tous qui avez été baptisés (immergés) dans le Christ, vous avez revêtu Christ. Il n'y a plus ni Juif ni Grec, il n'y a plus ni esclave ni libre, il n'y a plus ni homme ni femme, car vous tous vous êtes un en Jésus-Christ.

Ephésiens 2.11-19 :
C'est pourquoi, souvenez-vous sans cesse que vous étiez autrefois les païens (les Goyim) au regard de la chair (= non circoncis) – appelés incirconcis par ceux qu'on appelle circoncis par des mains humaines, au regard de la chair.
Souvenez-vous sans cesse que vous étiez en ce temps-là sans Christ, privés du droit de cité en Israël, étrangers aux alliances de la promesse, sans espérance et sans Dieu dans le monde. Mais maintenant, <u>en Christ Jésus</u>, vous qui étiez autrefois éloignés (de ceux qui ont part aux promesses), vous avez été rapprochés par le sang de Christ.
Car c'est lui notre paix, lui qui des deux (Juifs et païens) n'en a fait qu'un en détruisant le mur de séparation, l'hostilité. Il a, dans sa chair, aboli la Loi en ce qui concerne les décrets[9] de ses commandements pour créer <u>en lui</u>, avec les deux, un seul homme nouveau, en faisant la paix et pour réconcilier totalement avec Dieu les deux <u>en un seul corps</u> par la croix en tuant par elle l'hostilité. Il est venu vous annoncer l'Evangile de la paix à vous qui étiez loin [les nations] *et il a annoncé l'évangile de la paix à ceux qui étaient proches* [les Juifs].
Souvenez-vous sans cesse que, au travers de lui, nous avons tous les deux accès auprès du Père par un seul Esprit.
Ainsi donc, vous n'êtes plus des étrangers ni des émigrés, mais vous êtes concitoyens des saints, membres de la maison de Dieu.

---

[9] Le mot employé est *dogma*, qui veut dire littéralement *ce qui paraît bon*, signifie ici *décision, décret, arrêt de justice* et non pas *doctrines, prescriptions* comme il est souvent traduit. Ce terme juridique était utilisé pour les décisions prises par une autorité. Selon **Col 2.14,** Christ n'a pas aboli la Loi mais il a cloué sur la croix l'acte d'accusation émis par les décrets – *dogmata* – des commandements de la Loi qui nous condamnaient parce que nous étions incapables de les suivre.

Parce que tous les croyants sont en Christ, ils forment avec Christ une seule et même entité, un seul corps dont Christ est la tête :

Ephésiens 1.22-23 :
(Dieu) a tout mis sous ses pieds et l'a (Christ) donné comme tête au-dessus de tout à l'Eglise qui est son corps, la plénitude de celui qui remplit tout en tous.

Jésus est la tête de l'Eglise de deux façons :

- Il en est tout d'abord le chef. Dans un corps, c'est bien la tête qui commande. La tête a la faculté de penser et de donner au corps les mouvements qu'il doit effectuer. Une main ou un pied ne peut agir que s'ils en reçoivent l'ordre du cerveau. C'est Christ qui coordonne l'Eglise pour qu'elle serve sa mission qui est de poursuivre l'œuvre qu'il a commencée en venant sur terre.

Ainsi l'Eglise est sous la direction de Christ mais ne le remplace pas – **Col 1.18**.

En tant que tête, il est celui qui reçoit tous les honneurs. En tant que Seigneur, l'Eglise ne lui doit pas seulement obéissance mais aussi respect, adoration et amour.

- La tête a également pour fonction de prendre soin du reste du corps. Nous savons que par tout un système de nerfs et de capteurs, le cerveau identifie avec exactitude tout ce qui se passe dans le corps et répond aux besoins. Par exemple, il augmente automatiquement la pression, la vitesse des battements du cœur et du souffle quand nous faisons un effort et les diminue au repos.

Pour illustrer à quel point Jésus prend soin de nous et nous nourrit, l'Eglise est imagée sous deux autres formes :

- Elle est le troupeau de Dieu, Jésus en est le berger – Mt 26.31 ; Jn 10.7-18 ; Ac 20.28 ; Hé 13.20 ; 1 P 2.25 ; 5.4.

Le berger a plusieurs fonctions. Il doit conduire son troupeau vers les pâturages les plus verts, il doit le protéger de tous les prédateurs et des voleurs et il doit soigner les bêtes malades.

- Il est le pied de vigne, le cep, et les chrétiens en sont les branches, les sarments. Un sarment reçoit du cep la sève nourricière et sans la sève un sarment ne peut porter de fruit, le raisin – Jn 15.

Nous comprenons ainsi ce que Paul veut dire :

Ephésiens 4.16 :
C'est de lui que le corps tout entier – bien ajusté ensemble et bien réuni grâce à chacune des articulations qui le desservent selon l'activité réservée à chacune de ses parties – acquiert sa croissance pour se construire lui-même dans l'amour.

Parce que le chrétien ne peut grandir par lui-même, et que la croissance se réalise dans l'Eglise, il doit veiller à ne pas se laisser détacher de Christ en vivant sa foi en dehors de l'Eglise représentée par sa communauté locale.

Il est intéressant de constater que tous ces versets bibliques sont apparus à un moment où l'unité de l'Eglise était menacée d'abord par les judéo-chrétiens qui voulaient imposer leurs traditions aux chrétiens d'origine païenne puis par le gnosticisme naissant, lui aussi issu du judaïsme.
Il est donc important de revenir sur ces conflits du premier siècle.

LE CONFLIT ENTRE JUDEO-CHRETIENS ET LES PARTISANS DE L'EVANGILE – L'EGLISE EN TANT QU'ISRAËL NOUVEAU

Si Paul a défendu si ardemment l'unité de l'Eglise dans ses épîtres, c'est principalement à cause des nombreux conflits qui eurent lieu entre les judéo-chrétiens et les chrétiens qui soutenaient l'Evangile.

1. Les conflits du premier siècle

L'Evangile de Marc a été le premier écrit de ce genre à défendre l'Evangile de Jésus-Christ, c'est à dire la bonne nouvelle de Jésus-Christ.
L'Evangile, c'est à la fois Jésus-Christ lui-même et à la fois son œuvre sur la croix, sa résurrection et sa Seigneurie sur toute la création.
La bonne nouvelle, c'est que toute personne de toutes les nations peut désormais entrer librement dans le Royaume de Dieu et avoir un libre accès auprès du Père.

Marc décrit le Royaume de Dieu d'une façon remarquable.
L'organisation en six étapes de l'Evangile de Mc est maintenant bien connue.
Dans la 1ère étape, nous trouvons un prologue christologique en 1.2-13, la description du Royaume de Dieu en 1.14-39, puis la mission de Jésus, Dieu fait homme en 1.40 – 3.6.

Pour entrer dans le Royaume de Dieu, Jésus demande seulement deux conditions, en 1.14-15 : la repentance et la foi en l'Evangile.
La repentance, c'est la reconnaissance par l'être humain de son état de pécheur devant la sainteté de Dieu ; la foi lui permet de saisir et de s'approprier le salut gratuit offert en Jésus-Christ pour entrer dès à présent dans le Royaume de Dieu.

Marc insiste sur le fait qu'il faut croire en l'Evangile et non pas seulement en Christ. Il consacre une grande partie de son œuvre à montrer que ni Jésus ni ses disciples, et Pierre en particulier, lui l'apôtre des judéo-chrétiens, n'ont suivi strictement ces traditions et que les païens autant que les Juifs ont bénéficié de la puissance de ce Royaume qui s'était approché d'eux : comme par exemple la femme syro-phénicienne.

Dans Philippiens, les ennemis de Paul prêchent Christ, ce sont pourtant des ennemis de la croix.

Le conflit qui opposait les judéo-chrétiens aux partisans de l'Evangile reposait sur la justification.

Dans le judaïsme de l'époque, trois mots-clés reviennent constamment : la justification, la sagesse et la perfection.

Le juste, c'est celui qui suit la Loi d'une façon intègre, avec amour et crainte de désobéir à Dieu.

Le sage, c'est celui qui connaît la Loi d'une façon approfondie et qui fait tout pour la mettre en pratique : Jésus a été fait pour nous *sagesse*, justice, sanctification et rédemption – 1 Co 1.30.

Le croyant accompli, le *téléios*, le *tamim*, le parfait, est celui qui accomplit la Loi d'une manière parfaite.

Puisqu'ils sont tirés du judaïsme d'alors, ces mots reviennent donc, tout naturellement, souvent dans le NT.

Le juste est, et restera toujours, celui qui accomplit la Loi, ceci est valable autant dans l'ancienne Alliance que dans la Nouvelle parce que la Loi et ses exigences ne disparaîtront jamais nous dit Jésus.

Pour les judéo-chrétiens, les traditions faisaient intégralement partie de la Torah, surtout la circoncision et le sabbat, mais aussi les ablutions, la question des aliments purs et impurs et l'observation des fêtes juives, la Pâque tout particulièrement.

Les chrétiens d'origine païenne avaient vu dans ces coutumes l'identification à une nation qui n'étaient pas la leur et n'éprouvaient donc absolument pas le besoin de les pratiquer.

Comment donc les chrétiens qui ne suivaient pas ces traditions juives pouvaient-ils être considérés comme justes puisque, selon les judéo-chrétiens, ils n'accomplissaient pas la Loi, la Torah ?

Le combat que Paul a mené, sur le terrain comme dans ses lettres, a été de montrer qu'ils se trompaient, car personne n'a pu, ne peut, ni ne pourra jamais satisfaire entièrement les exigences de Dieu ; tous sont donc pécheurs. C'est donc en Christ, et en Christ seulement, que l'homme est justifié parce que Christ est le seul homme à avoir accompli la Loi, et il l'a fait pour nous.

C'est encore en Christ que Juifs et Païens, Juifs et Goyim sont réconciliés. Pourquoi ?

Paul et les évangélistes se sont mobilisés pour montrer qu'en fait l'Eglise est le peuple de Dieu, l'Israël nouveau, non pas un autre Israël, mais celui qui vient se greffer sur le peuple d'Israël existant et qui ne disparaît bien sûr pas. Prenant en lui ses racines, l'Eglise est l'Israël que Dieu a toujours désiré dans son plan rédempteur.
Autrement dit : Quand je dis : « *J'appartiens au peuple de Dieu*, », j'exprime le fait que je fais partie d'Israël.

2. L'Eglise et Israël

<u>**a.** Christ le Premier-né du Père</u>

Selon **Col 1.15**, Jésus est le ***prôtotokos***, le Premier-né de Dieu.
Prôtotokos = celui qui est né en premier ; par suite <u>dans la LXX</u>, *celui qui a le droit d'aînesse.*
Ce terme grec est de la même famille que le verbe *prôtotokeuô, donner le droit d'aînesse*, d'où l'autre substantif *prôtotokeia* ou *prôtotokia = droit d'aînesse*. Ces termes proviennent de la LXX et traduisent des concepts Juifs.
Le premier-né est celui qui reçoit le droit d'aînesse, celui qui reçoit l'héritage, mais il n'est pas forcément celui qui est né en premier.

Il est écrit dans la LXX, en Ex 4.22, par exemple, qu'Israël est le *« prôtotokos »* du Seigneur, ce qui ne signifie nullement que ce peuple ait été le premier à avoir été créé.

Jésus est aussi le *« prôtotokos »* d'entre les morts (Col 1.18), ce qui montre bien que l'auteur ne parle pas de la « naissance » de Jésus.

En fait, Jésus est le ***« prôtotokos »*** de toute la création. Puisque le premier-né est, dans une maison, la personne la plus importante après le père, le chef de maison, Christ a la primauté, sur toute la création.

Celui qui est ressuscité et qui occupe cette place est aussi un homme et il est assis à la droite de Dieu.

b. L'héritage d'Abraham

C'est à juste titre qu'Abraham est appelé le père des croyants, lui qui a vécu avant Moïse et que Dieu a justifié par la foi et non par la Loi qui n'existait pas encore.

La Bonne Nouvelle, l'Evangile, c'est que toutes les nations peuvent hériter désormais d'Abraham, et c'est ***en Christ*** que nous recevons maintenant l'héritage d'Abraham.

Ayant reçu de Dieu le droit d'aînesse, Jésus-Christ est celui qui a reçu cet héritage, c'est à dire la promesse que Dieu avait faite à Abraham en Genèse 12.2-3 :

Genèse 12.2-3 :

Je ferai de toi une grande nation et je te bénirai : Je rendrai ton nom grand et tu seras une source de bénédiction. Je bénirai ceux qui te béniront et je maudirai ceux qui te maudiront ; ***et toutes les familles de la terre seront bénies en toi.***

Parce que Jésus-Christ est l'héritier d'Abraham, c'est *en Christ* que se réalise la promesse, car c'est *en Christ* que toutes les nations de la terre peuvent hériter de la promesse et recevoir de Dieu le salut et la bénédiction de la grâce de Dieu.

C'est ce que déclare Paul dans l'épître aux Galates [rappel] :

Galates 3.27-29 :
Vous tous qui avez été baptisés (immergés) dans le Christ, vous avez revêtu le Christ. Il n'y a plus ni Juif ni Grec, il n'y a plus ni esclave ni libre, il n'y a plus ni homme ni femme, car vous tous vous êtes un en Jésus-Christ. Et si vous appartenez au Christ, alors vous êtes la descendance d'Abraham, héritiers selon la promesse.

Cette bénédiction passe d'abord par Israël qui est appelé le premier-né de Dieu, celui qui a le droit d'aînesse.

Selon l'A.T., en effet, Israël/Jacob était celui qui avait acquis le droit d'aînesse (il n'était pas le premier-né), la bénédiction d'Abraham lui avait été transmise et sa postérité en était bénéficiaire.

Israël a eu l'immense privilège de connaître et de faire connaître le seul vrai Dieu, puis de recevoir de Lui la Torah en dépôt pour voir naître ensuite le Christ – Rom 9.4-5.

Jésus est le Nouvel Israël (Jacob), le patriarche d'une nouvelle lignée à qui il transmet la bénédiction d'Abraham. L'évangile de Matthieu le définit comme tel lorsque l'auteur écrit de Jésus, citant les Ecritures qui devaient s'accomplir : *J'ai appelé mon Fils hors d'Egypte* – Mt 2.15. Or, selon Ex 4.22 et Os 11.1, c'est Israël que Dieu appelle ainsi.

Dans l'Evangile de Matthieu, Jésus est le nouvel Israël/Jacob, le nouveau patriarche d'un peuple de Dieu nouveau, venu de toutes les nations, qui le sert parce que la Loi est gravée dans leur cœur et non sur la pierre.

Celui qui est en Christ appartient au peuple de Dieu, au peuple d'Israël et de ses descendants. En Christ nous sommes les héritiers de la promesse.

L'héritage n'est pas un héritage terrestre – ce n'est pas le pays promis de Canaan – mais il s'agit de la Jérusalem des Cieux, celle qui nous attend ; et le Royaume de Dieu est le Royaume des cieux nous précise Matthieu.

Dans Matthieu, l'expression *Royaume des cieux* a souvent été comprise comme voulant éviter le « Nom », le nom de Dieu, mais ceci correspond mal à la réalité :

Le nom de Dieu apparaît, en effet, 58 fois dans Mt et l'expression *Royaume de Dieu* y revient 4 fois.
Cette expression vise donc un autre but, celui de préciser où se situent le Royaume de Dieu et l'espérance chrétienne.
La vie chrétienne repose sur 3 piliers : la foi, l'amour et l'espérance, celle d'hériter le Royaume des Cieux à la résurrection. C'est là le vrai héritage promis à Abraham, le père de tous les croyants.

c. En Christ, le croyant fait partie d'Israël

Parce que Christ est enfant de Jacob/Israël, celui qui est *en Christ* devient de ce fait enfant d'Israël ; et toute la communauté de ceux qui sont *en Christ*, l'Eglise, vient par là même se greffer sur Israël.
C'est ce que déclare Paul dans son épître qu'il adresse aux Romains :

Romains 11.17, 19 :
…Et si toi qui étais un olivier sauvage, tu as été greffé à leur place, et rendu participant de la racine et de la graisse de l'olivier … Les branches ont été retranchées afin que moi je sois greffé.

L'Eglise apparaît ainsi comme faisant partie intégralement d'Israël. Elle en est, en fait, l'aboutissement, car la révélation de la Loi promulguée par Moïse n'était qu'une étape pour arriver à Christ. L'Eglise est l'Israël que Dieu a planifié depuis l'éternité ; elle est le peuple de Dieu qui pratique véritablement la Loi, non pas par ses propres forces ni par ses propres mérites mais parce que Christ l'a déjà accomplie à sa place.

LE SALUT DES NATIONS
ET LA JUSTIFICATION PAR LA FOI

Par cette nouvelle Alliance, Dieu offre *en Christ* le salut aux nations et la justification pour tous.

1. Le salut des nations

Pour mieux comprendre la relation entre l'Eglise et Israël, il est nécessaire de faire un rappel historique.

Lorsque Dieu a confié sa Parole aux Israélites, ce n'était pas pour qu'ils la gardent pour eux-mêmes mais pour la faire connaître à toutes les nations. Dieu les avait choisis pour être ses témoins mais son amour se portait autant sur les nations que sur Israël. Bien avant la déportation babylonienne, les Israélites avaient accepté de considérer comme faisant partie intégrante d'Israël tout immigré (en héb. *"ger"*[10]) qui se convertissait à leur religion.

La dispersion des tribus du Nord par les Assyriens puis des Juifs par les Babyloniens a largement contribué à répandre la connaissance de Dieu et de sa Loi parmi les nations.

Avant l'arrivée du christianisme, les Juifs avaient acquis une vision missionnaire et s'étaient donné comme but de faire connaître Dieu et ses commandements à toutes les nations. Dispersés, ils s'étaient répandus partout et avaient établi des synagogues jusque dans les cités les plus reculées propageant ainsi leur religion et faisant des païens des prosélytes (en héb. *"ger"* également). Ces païens convertis qui partageaient leur foi en Dieu au travers de la Loi de Moïse, la Torah, possédaient les mêmes droits que les Juifs israélites : ils avaient droit de cité en Israël et ils venaient adorer au Temple de Jérusalem. Quelle que soit leur origine, ils formaient tous ensemble un seul peuple et une seule nation – il en est toujours de même aujourd'hui. Au temps de Jésus, le nombre de Juifs dans l'Empire romain était considérable. Ils étaient environ quatre millions, soit un douzième de la population totale de tout l'Empire – cf. Ac 2.9-11.

---

[10] Prononcer *'guère'*.

En dispersant les Juifs qui répandaient ainsi sa connaissance, Dieu préparait déjà le terrain à l'évangélisation des nations. Lorsque Jésus-Christ est venu sur la Terre, les nations étaient, en effet, unifiées dans un seul empire, l'Empire romain, qui avait établi la paix – la Pax romana – et créé de nombreuses routes et donc des facilités de communication. Elles étaient également unifiées sous une seule langue, le grec, parce qu'avant d'appartenir aux Romains, cet empire était celui des Grecs.

Quand les temps furent accomplis parut Jésus. Il ne restait plus qu'à ses disciples d'aller de synagogue en synagogue annoncer aux nations que le Messie était venu sauver l'humanité.

N'étant pas descendants directs de Jacob, les prosélytes n'étaient pas réellement des « Fils d'Israël ». Elargissant leur champ de vision, les Juifs avaient préféré s'appeler les « Fils d'Abraham » englobant ainsi tous ceux qui se plaçaient sous la bénédiction d'Abraham en Gn 12.1-3. C'est, d'ailleurs, à partir de cette bénédiction que se déroule toute l'histoire du salut établi par Dieu depuis l'éternité, les onze premiers chapitres de la Genèse résumant la situation antérieure.

Le salut des nations au travers de la Loi de Moïse était devenu une préoccupation majeure des Juifs – Mt 23.15 – comme l'avaient annoncé les prophètes à plusieurs reprises – Ps 67 ; 82.8 ; Es 42.1-6 ; 55.5 ; Jr 4.2 ; 16.19 ; Mi 4.1-2 ; Za 2.15 ; 8.22.

C'est en se convertissant au judaïsme que les païens devenaient partie intégrante d'Israël, du plan de salut de Dieu et pouvaient être appelés des « Fils d'Abraham ».

Ce plan de salut de Dieu reste toujours d'actualité, car Christ est d'abord un descendant direct d'Israël et qu'il a aussi parfaitement accompli la Loi de Moïse. Christ est donc doublement Fils d'Abraham dont il a hérité la promesse – Ga 3.6-18, 21-22, 25-29 ; 4.4-7. En réunissant Juifs et païens dans son corps, il incorpore les nations à l'Eglise et permet ainsi leur intégration au peuple d'Israël.

Outre la Loi, l'espérance messianique était une autre caractéristique du judaïsme de l'époque. Selon les Juifs, le Messie, descendant de David, devait venir avec puissance pour libérer son peuple du joug romain et pour donner à Israël la prédominance sur toutes les nations (Ps 72.8-

11). Le Messie, le Christ est réellement venu pour libérer son peuple mais d'une manière différente que celle attendue, car la puissance qui le tenait lié est bien plus importante que tous les royaumes de la Terre et cette puissance c'est le péché et la mort, et la prédominance sur les nations qu'il offre à son nouvel Israël c'est de les conquérir pour Christ et d'étendre sur elles le Royaume de Dieu.

2. La justification par la foi et celle par la Loi

Jésus est également apparu comme un rabbin, un maître, le Maître qui a donné la seule et véritable interprétation de la Loi : Il enseignait qu'elle ne se vit pas d'une façon extérieure mais qu'elle doit être gravée, par l'Esprit de Dieu, dans nos cœurs et non sur des pierres (2 Co 3.4-11) ; elle ne doit pas être pratiquée d'une façon formaliste – ex. : Mt 5.27 : « *Vous avez entendu qu'il a été dit..., mais moi je vous dis...* ». Jésus n'a jamais renié la Loi mais il l'a replacée dans son contexte : « *Le sabbat a été fait pour l'homme et non l'homme pour le sabbat,* » disait-il – Mc 2.27.

La mise en pratique de la Loi assure réellement la justification à la seule condition toutefois de ne jamais la transgresser, de ne jamais pécher, ce qui est totalement impossible aux hommes. Il suffit de contrevenir une seule fois à la Loi pour ne plus être en règle avec elle ; et ce principe est valable pour toute loi. Malheureusement, l'amende pécuniaire n'existe pas et nous sommes tous sous une même condamnation : *Tous ont péché et sont privés de la gloire de Dieu* – Rom 3.23. Et c'est justement parce que l'homme n'avait, en aucune façon, le pouvoir de satisfaire parfaitement la justice de Dieu que Dieu s'est fait homme pour qu'il puisse <u>*en tant qu'homme*</u> l'accomplir. Christ (qui est aussi un homme) a accompli pour nous la Loi de telle sorte qu'<u>*en Christ*</u> l'homme puisse obtenir la justification parce que c'est <u>*en Christ,*</u> et seulement en Lui, qu'il est possible à l'homme fait de chair d'accomplir parfaitement la justice de Dieu exprimée dans la Torah.

Il fallait de plus, pour que la justice de Dieu soit réellement satisfaite, que tous les péchés de l'humanité, y compris ceux avant la venue de Christ, soient totalement rachetés. Du temps de sa patience et en attendant cette venue (Rom 3.25), Dieu avait permis une sorte de rachat au travers de sacrifices sanglants d'animaux mais ces sacrifices ne pouvaient en aucun cas satisfaire la justice de Dieu. L'homme a toujours, en effet, été sauvé *par la foi* en la Parole de Dieu qui lui demandait d'offrir ce sacrifice mais Dieu projetait alors ses regards non pas sur l'animal sacrifié mais sur la croix de Christ à venir.

L'évangile de Matthieu a défendu l'Eglise du Christ face au judaïsme pharisaïque – celui principalement des judéo-chrétiens – qui la persécutait et montre qu'en fait le vrai judaïsme est celui des chrétiens. Parce qu'ils basent leur foi sur l'enseignement des douze apôtres, ce sont eux les vrais scribes et les véritables 'Fils d'Abraham', car ce sont eux qui interprètent et accomplissent, en vérité, la Loi de Moïse (Mt 13.52) parce que c'est seulement **en Christ** qu'elle s'accomplit parfaitement.

CONCLUSION

L'œuvre de Christ est immense : Parce qu'un jour la deuxième personne de la divine Trinité a choisi de se faire homme, un large chemin de pardon et réconciliation s'est ouvert à tous les hommes.

L'arrivée de Christ sur terre a revêtu une importance capitale dans l'histoire du salut :

Parce que Christ possède les deux natures, il peut réconcilier l'homme avec Dieu.
Baptisé ***en Christ*** par l'Esprit Saint, le croyant revit ce que Christ a vécu : il meurt avec lui sur la croix et, parce qu'il est mort, il est désormais hors d'atteinte de toute condamnation.
Ressuscité ***en Christ***, il revêt Christ. Il revêt ainsi Sa justice, il retrouve l'image perdue de Dieu, il devient enfant de Dieu par adoption et obtient en Lui un libre accès auprès du Père.
Ressuscité ***en Christ***, il règne avec Lui dans les cieux et occupe en esprit une place qu'il occupera dans un corps glorifié à la résurrection finale.

Les trois valeurs fondamentales du chrétien demeurent alors la foi en l'œuvre de Christ et en l'Evangile, l'amour de son prochain et l'espérance de la gloire future qui l'attend et qui lui donne du zèle pour accomplir avec Christ l'œuvre que le Père lui a confiée.

Table des matières

Jésus-Christ, sa personne, sa nature — 5
1. La personne et la double nature de Christ — 5
2. Divinité de Jésus-Christ — 7
3. Jésus, Dieu fait homme – Le Nouvel Adam — 9
4. Christ élevé — 10

Le péché, la chute de l'homme et la puissance du péché — 11
1. Le péché et la Loi — 11
2. La chute de l'homme — 12

La justice de Dieu et le salut "en Christ" — 15
1. Le problème de la justification du pécheur — 15
2. Etre en Christ — 16
3. Le salut en Christ — 19

La nouvelle naissance — 23
1. La mort devient libération — 23
2. L'adoption en Christ — 27
3. La résurrection en Christ — 28

Un seul corps en Christ — 31

Le conflit entre Judéo-chrétiens et les partisans de L'Evangile – L'Eglise en tant qu'Israël nouveau — 35
1. Les conflits du premier siècle — 35
2. L'Eglise et Israël — 37

Le salut des nations et la justification par la foi — 41
1. Le salut des nations — 41
2. La justification par la foi et celle par la Loi — 43

Conclusion — 45

Bibliographie — 47

Bibliographie

BERKHOF L., *Systematic Theology*, William B. Eerdmans Publishing Company, Grand Rapids, Michigan, 1941.

GUTHRIE DONALD, *New Testament Theology*, Inter-Varsity Press, Downers Grove, Illinois, 1981.

LADD G. ELDON, *A Theology of the New Testament*, William B. Eerdmans Publishing Company, Grand Rapids, Michigan, 1971.

TENNEY MERRILL C., *The Zondervan Pictorial Encyclopedia of the Bible, Volume one*, Zondervan Publishing House, Grand Rapids, Michigan, 1976.

Oui, je veux morebooks!

i want morebooks!

Buy your books fast and straightforward online - at one of world's fastest growing online book stores! Environmentally sound due to Print-on-Demand technologies.

Buy your books online at

www.get-morebooks.com

Achetez vos livres en ligne, vite et bien, sur l'une des librairies en ligne les plus performantes au monde!
En protégeant nos ressources et notre environnement grâce à l'impression à la demande.

La librairie en ligne pour acheter plus vite

www.morebooks.fr

 VDM Verlagsservicegesellschaft mbH
Heinrich-Böcking-Str. 6-8   Telefon: +49 681 3720 174   info@vdm-vsg.de
D - 66121 Saarbrücken   Telefax: +49 681 3720 1749   www.vdm-vsg.de

www.ingramcontent.com/pod-product-compliance
Lightning Source LLC
Chambersburg PA
CBHW020811160426
43192CB00006B/525